Es ist eine Art von Liebe, für andere zu Stricken oder zu Häkeln

(Veronika Hug)

Veronika Hug

Puschen häkeln

an einem Stück

Ihr findet mich auf facebook:
https://www.facebook.com/mitVeronikaHug
oder auf meiner Webseite/: http://VeronikaHug.com
Alle meine Bücher auf einen Blick: http://goo.gl/C6PPyM

Bibliografische Information der Deutschen Nationalbibliothek:
Die Deutsche Nationalbibliothek verzeichnet diese Publikation in der Deutschen Nationalbibliografie; detaillierte bibliografische Daten sind im Internet über http://dnb.dnb.de abrufbar.

© 2016 Veronika Hug

Illustration: **Veronika Hug, www.VeronikaHug.com**

Herstellung und Verlag: BoD – Books on Demand, Norderstedt

ISBN: *978-3-7392-3288-1*

Inhaltsverzeichnis

Der Workshop

Workshop Käppchen	Seite 6
Workshop Seitenteil, Rist	Seite 7 – 11
Workshop Fußrücken	Seite 11
Workshop Fußspitze	Seite 12 – 14
Workshop Umrandung	Seite 15 – 16
Tipps für die 1. Pusche	Seite 17

Die Anleitungen

Anleitung Größe 17, 18 und 19	Seite 18 - 21
Anleitung Größe 20, 21 und 22	Seite 22 - 25
Anleitung Größe 23, 24 und 25	Seite 26 - 29
Anleitung Größe 26, 27 und 28	Seite 30 - 33
Anleitung Größe 29, 30 und 31	Seite 34 - 37
Anleitung Größe 32, 33 und 34	Seite 38 - 41
Anleitung Größe 35, 36 und 37	Seite 42 - 45
Anleitung Größe 38, 39 und 40	Seite 46 – 49
Anleitung Größe 41, 42 und 43	Seite 50 - 53
Anleitung Größe 44, 45 und 46	Seite 54 - 57

Die Größentabellen

Grüße 17 – 29	Seite 58 - 59
Größe 30 – 38	Seite 60 - 61
Größe 39 – 46	Seite 62 - 63

WORKSHOP Puschen häkeln

Der Workshop zeigt eine Pusche in Größe 39. Hier werden alle Techniken Schritt für Schritt erklärt.

Zur Unterstützung gibt es auf YouTube Videos: https://goo.gl/zuthRk

Das Käppchen

7 Luftmaschen anschlagen (**oder so viele, wie in der Größentabelle angegeben**)
1 zusätzliche Luftmasche für die Höhe häkeln und die Luftmaschenkette leicht nach vorne drehen, so dass auf der Rückseite die querliegenden Maschenschlingen zu sehen sind.

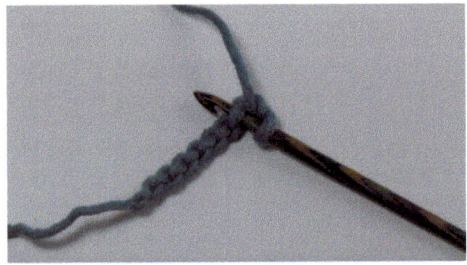

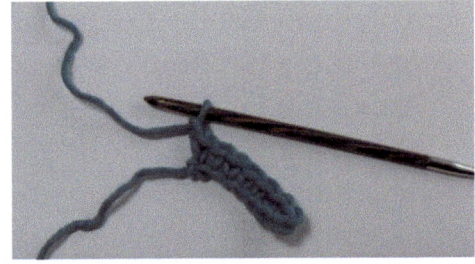

In die 7.-1. Luftmasche zurück je 1 feste Masche häkeln.

* Dann wieder 1 zusätzliche Luftmasche häkeln und die Arbeit wenden. Nun wieder jede Masche mit 1 festen Masche behäkeln = 2 Reihen ab Anschlag

Ab * so oft wiederholen, bis **12 Reihen** (**oder so viele, wie in der Größentabelle angeben**) ab Anschlag gehäkelt sind.

Hinteres Seitenteil mit Rist-Abnahmen

Nun die linke, die untere und die rechte Kante für das Seitenteil wie folgt behäkeln:

Mit 1 zusätzlichen Luftmasche für die Höhe beginnen (jedoch die Arbeit NICHT wenden!).

1. Reihe: In die 1. Reihe des Käppchens 1 feste Masche häkeln.

In die **2. und 3. Reihe** jeweils einstechen und den Faden durchholen. Dann den Faden nochmals holen und alle 3 Schlingen zusammen abmaschen (= 2 zusammen abgemaschte feste Maschen).
In die **4. Reihe** 1 feste Masche häkeln.

In die **5. und 6. Reihe** wieder 2 zusammen abgemaschte feste Maschen häkeln.
In die **7. Reihe** 1 feste Masche häkeln.
In die **8. und 9. Reihe** wieder 2 zusammen abgemaschte feste Maschen häkeln.

In die **10., 11. und 12.** Reihe je 1 feste Masche häkeln = **9 Maschen** an der linken Kante.

Bei mehr oder weniger Käppchen-Reihen in folgendem Rhythmus Maschen aufnehmen: Bis zur 3. Reihe stets wie oben beschrieben, dann abwechselnd in die folgende Reihe 1 feste Masche häkeln und in die folgenden 2 Reihen 2 zusammen abgemaschte feste Maschen häkeln. Ausnahme: In die letzten 2 Käppchen-Reihen keine 2 zusammen abgemaschte feste Maschen häkeln – hier dann weiterhin in jede Reihe 1 feste Masche arbeiten. So kann es bei manchen Größen vorkommen, dass in die letzten 3 Reihen jeweils 1 feste Masche gehäkelt wird. Wie viele Maschen auf die linke und rechte Seitenkante gehäkelt werden ist jeweils in der Tabelle aufgeführt.

Nun die untere Kante wie folgt behäkeln:

In die 1. Masche 2 feste Maschen häkeln.
In die 2.-6. Masche je 1 feste Masche häkeln.
In die 7. Masche 2 feste Maschen häkeln = **9 Maschen** an der unteren Kante.
Bei mehr oder weniger Käppchen-Maschen in folgendem Rhythmus Maschen aufnehmen: In die erste und letzte Masche stets 2 feste Maschen häkeln, in die Maschen dazwischen jeweils nur 1 feste Masche arbeiten. Wie viele Maschen auf die untere Kante gehäkelt werden ist jeweils in der Tabelle aufgeführt.

Nun die rechte Kante wie folgt behäkeln:
In die 1., 2. und 3. Reihe je 1 feste Masche häkeln.
In die 4. und 5. Reihe 2 zusammen abgemaschte feste Maschen häkeln.
In die 6. Reihe 1 feste Masche häkeln.
In die 7. und 8. Reihe 2 zusammen abgemaschte feste Maschen häkeln.
In die 9. Reihe 1 feste Masche häkeln.
In die 10. und 11. Reihe 2 zusammen abgemaschte feste Maschen häkeln.
In die 12. Reihe 1 feste Masche häkeln = **9 Maschen** an der rechten Kante.
Bei mehr oder weniger Käppchen-Reihen in folgendem Rhythmus Maschen aufnehmen: Die Maschen werden genau gegengleich zur linken Kante behäkelt, so dass hier insgesamt genauso viele Maschen aufgehäkelt werden, wie auf die rechte Kante

Nach der 1. Reihe des Seitenteiles sind nun insgesamt **27 Maschen** in Arbeit (**oder so viele wie in der Größentabelle angegeben**)

2. Reihe: Nun 1 zusätzliche Luftmasche arbeiten und die Arbeit wenden. Alle Maschen mit je 1 festen Masche behäkeln

3. Reihe: wieder mit 1 zusätzlichen Luftmasche die Arbeit wenden (= Wende-Luftmasche) In die 1. Masche 1 feste Masche häkeln.

Die 2. und 3. Masche zusammen abhäkeln. In die folgenden 21 Maschen je 1 feste Masche häkeln.
Die 3. und 2. letzte Masche zusammen abhäkeln und in die letzte Masche 1 feste Masche arbeiten = 25 Maschen.
4. Reihe: Wende-Luftmasche. In jede Masche 1 feste Masche häkeln.
5. Reihe: Wende-Luftmasche. In die 1. Masche 1 feste Masche häkeln. Die 2. und 3. Masche zusammen abhäkeln. In die folgenden 19 Maschen je 1 feste Masche häkeln. Die 3. und 2. letzte Masche zusammen abhäkeln und in die letzte Masche 1 feste Masche arbeiten. Es sind nun **23 Maschen** in Arbeit (**oder so viele, wie in der Größentabelle angegeben**)

6. - 8. Reihe: Wende-Luftmasche. In jede Masche 1 feste Masche häkeln.

Bei weniger Maschen für das Seitenteil werden in der 5. Reihe keine Abnahmen gearbeitet – also insgesamt nur 2 statt 4 Maschen abgenommen, bei ganz kleinen Schuhgrößen werden auch gar keine Abnahmen gearbeitet. Die Zahl der Abnahmen ist in der Größentabelle angegeben.

Zunahmen für Fußrücken

1. Reihe: Wende-Luftmasche. In die 1. Masche 2 feste Maschen häkeln. 21 Maschen häkeln. In die letzte Masche 2 feste Masche häkeln = 25 Maschen.
2. Reihe: Wende-Luftmasche. In jede Masche 1 feste Masche häkeln.
3. Reihe: Wende-Luftmasche. In die 1. Masche 2 feste Maschen häkeln. 23 Maschen häkeln. In die letzte Masche 2 feste Maschen häkeln = 27 Maschen.
4. Reihe: Wende-Luftmasche. In die 1. Masche 2 feste Maschen häkeln. 25 Maschen häkeln. In die letzte Masche 2 feste Maschen häkeln = 29 Maschen.
5. Reihe: Wende-Luftmasche. In die 1. Masche 2 feste Maschen häkeln. 27 Maschen häkeln. In die letzte Masche 2 feste Maschen häkeln. Es sind nun **31 Maschen** in Arbeit (**oder so viele, wie in der Größentabelle angegeben**).
Für Größe 39 werden also insgesamt 8 Maschen über 5 Reihen zugenommen. Bei mehr oder weniger Käppchen-Maschen werden mehr oder weniger Maschen zugenommen und auch weniger Reihen für die Zunahmen benötigt. Die Abfolge der Zunahmen ist in der Größentabelle angegeben.

Die Fußspitze

Nun die Arbeit zur Runde schließen und weiter in Spiralen arbeiten.

Dafür gleich im Anschluss an die letzte Zunahme-Reihe noch 1 zusätzliche Luftmasche für den Übergang häkeln.

In die 1. Masche an der gegenüberliegenden Seite 1 feste Masche häkeln.

Ab nun in Runden/Spiralen weiterarbeiten und den Rundenbeginn mit einem Kontrastfaden (oder Maschenmarkierer) markieren.

1. Spirale: rundum in jede Masche (auch in die Luftmasche für den Übergang) 1 feste Masche häkeln = **32 Maschen (oder so viele, wie in der Größentabelle angegeben)**

Nach jeder Spirale den Markierungsfaden nach oben versetzen.
2., 3., 4. und 5. Spirale: in jede Masche 1 feste Masche häkeln.
6. Spirale: In dieser Spirale 4 Maschen abnehmen wie folgt: 3 Maschen häkeln, 2 Maschen zusammen abmaschen, * 6 Maschen häkeln, 2 Maschen zusammen abmaschen, ab * noch 2 x wiederholen, enden mit 3 Maschen häkeln = 28 Maschen;
7. und 8. Spirale: in jede Masche 1 feste Masche häkeln.
9. Spirale: In dieser Spirale wieder 4 Maschen abnehmen wie folgt: 3 Maschen häkeln, 2 Maschen zusammen abmaschen, * 5 Maschen häkeln, 2 Maschen zusammen abmaschen, ab * noch 2 x wiederholen, enden mit 2 Maschen häkeln = 24 Maschen;
10. und 11. Spirale: in jede Masche 1 feste Masche häkeln.
12. Spirale: In dieser Spirale wieder 4 Maschen abnehmen wie folgt: 2 Maschen häkeln, 2 Maschen zusammen abmaschen, * 4 Maschen häkeln, 2 Maschen zusammen abmaschen, ab * noch 2 x wiederholen, enden mit 2 Maschen häkeln = 20 Maschen;
13. Spirale: ohne Abnahmen;
14. Spirale: In dieser Spirale wieder 4 Maschen abnehmen wie folgt: 2 Maschen häkeln, 2 Maschen zusammen abmaschen, * 3 Maschen häkeln, 2 Maschen zusammen abmaschen, ab * noch 2 x wiederholen, enden mit 1 Masche häkeln = 16 Maschen;
15. Spirale: In dieser Spirale wieder 4 Maschen abnehmen wie folgt: 1 Masche häkeln, 2 Maschen zusammen abmaschen, * 2 Maschen häkeln. 2 Maschen zusammen abmaschen, ab * noch 2 x wiederholen, enden mit 1 Masche häkeln = 12 Maschen;
16. Spirale: In dieser Spirale wieder 4 Maschen abnehmen wie folgt: 1 Masche häkeln, 2 Maschen zusammen abmaschen; * 1 Masche häkeln, 2 Maschen zusammen abmaschen, ab * noch 2 x wiederholen = 8 Maschen.

In die folgende Masche 1 Kettmasche arbeiten, dann den Faden abschneiden und durchziehen.
Bei mehr oder weniger Maschen für die Spitze werden mehr oder weniger Maschen abgenommen und auch weniger Spiralen für die Abnahmen bis zum Ende benötigt. Die Abfolge der Abnahmen ist in der Größentabelle angegeben.

Den Faden auf eine stumpfe Nähnadel ziehen und in jede vordere Schlinge der 8 letzten Maschen einstechen und den Faden durchziehen. Dann den Faden fest anziehen und dadurch die Runde schließen.

Den Faden nochmals durch die ersten zwei Schlingen ziehen. Dann den Faden auf die Innenseite des Schuhes ziehen und vernähen.

Umrandung

In die mittlere Masche des Käppchens einstechen und

den Faden (nach Wunsch in Kontrastfarbe) holen und durchziehen.

Dann 1 zusätzliche Luftmasche für die Höhe häkeln und in die gleiche Einstichstelle wie bei der Anfangsschlinge noch 1 feste Masche häkeln.

dann in jede Masche und Reihe der Kante eine feste Masche häkeln, dabei den Anfangsfaden über den ersten 5 – 6 Maschen mit einhäkeln.

Die 3 Einstichstellen in der vorderen Mitte zusammen abhäkeln.

Dafür nacheinander in die 1. 2. und 3. Einstichstelle einstechen und jeweils den Faden durchholen.

Dann nochmals den Faden holen und alle 4 auf der Nadel liegenden Schlingen zusammen abhäkeln. Danach wieder in jede Reihe und Masche der Kante 1 feste Masche häkeln.

Zum Schluss in die 1. feste Masche der Umrandung 1 Kettmasche arbeiten. Dann den Faden abschneiden, durchziehen und vernähen.

Nun kann jeder selbst testen, welche Vorgehensweise ihm am besten gefällt.
Ob man lieber nach schriftlicher Anleitung Schritt für Schritt vorgeht, oder sich die Angaben auf einen Blick aus der Größentabelle holt – darf selbst entschieden werden.

Mein Tipp: *Beginnt mit einem kleinen Modell – so erlernt man alle Techniken und erzielt bald seinen ersten Erfolg.*

Mit kleinen Schritten schnell ans Ziel

Auf jeden Fall wünsche ich euch viel Spaß beim Puschen häkeln!

Zur Unterstützung gibt es auf YouTube Videos: https://goo.gl/zuthRk

Größe 17, 18 und 19

Die Angaben für Größe 17 stehen vor den Klammern, für Größe 18 in den Klammern und für Größe 19 hinter den Klammern

Material:
* hatnut XL 55 (50% Schurwolle, 50% Polyamid, Lauflänge = 55 m/50 g) 50 g Weiß,
* 1 Rest für die Umrandung (nach Wunsch)
* 1 Häkelnadel Nr. 5
* 1 stumpfe Nähnadel
* Schere

 hatnut-Wolle bekommt man im Einzelhandelsgeschäft oder direkt bei hatnut: http://hatnut.de/?affiliates=2

Ausführung:

Käppchen: 3 (3) 5 Luftmaschen anschlagen und 5 (6) 6 Käppchen-Reihen mit festen Maschen häkeln.

Hinteres Seitenteil: An der linken und rechten Seitenkante je 4 (5) 5 feste Maschen und an der Unterkante 5 (5) 7 feste Maschen aufhäkeln = 13 (15) 17 Maschen für das Seitenteil.
Dann 4 Reihen feste Maschen häkeln.

Fußrücken: 1 Reihe feste Maschen arbeiten, dabei in die 1. und letzte Masche je 2 Maschen häkeln = 15 (17) 19 Maschen.

Fußspitze: Nun die Arbeit mit 1 zusätzlichen Luftmasche zur Runde schließen und in Spiralen weiterarbeiten = 16 (18) 20 Maschen.
Nun die Abnahmen wie folgt arbeiten:

Für Größe 17
3 Spiralen ohne Abnahmen;
4. Spirale: 1 Masche häkeln, 2 Maschen zusammen abmaschen, * 2 Maschen häkeln. 2 Maschen zusammen abmaschen, ab * noch 2 x wiederholen, enden mit 1 Masche häkeln = 12 Maschen;
5. Spirale ohne Abnahmen;
6. Spirale: 1 Masche häkeln, 2 Maschen zusammen abmaschen; * 1 Masche häkeln, 2 Maschen zusammen abmaschen, ab * noch 2 x wiederholen = 8 Maschen.

Für Größe 18
3 Spiralen ohne Abnahmen;
4. Spirale: 4 Maschen häkeln, 2 Maschen zusammen abmaschen, 7 Maschen häkeln, 2 Maschen zusammen abmaschen, 3 Maschen häkeln = 16 Maschen;
5. Spirale: ohne Abnahmen;

6. Spirale: 1 Masche häkeln, 2 Maschen zusammen abmaschen, * 2 Maschen häkeln. 2 Maschen zusammen abmaschen, ab * noch 2 x wiederholen, enden mit 1 Masche häkeln = 12 Maschen;
7. Spirale: 1 Masche häkeln, 2 Maschen zusammen abmaschen; * 1 Masche häkeln, 2 Maschen zusammen abmaschen, ab * noch 2 x wiederholen = 8 Maschen.

Für Größe 19
3 Spiralen ohne Abnahmen;
4. Spirale: 2 Maschen häkeln, 2 Maschen zusammen abmaschen, * 3 Maschen häkeln, 2 Maschen zusammen abmaschen, ab * noch 2 x wiederholen, enden mit 1 Masche häkeln = 16 Maschen;
5. und 6. Spirale: ohne Abnahmen;
7. Spirale: 1 Masche häkeln, 2 Maschen zusammen abmaschen, * 2 Maschen häkeln. 2 Maschen zusammen abmaschen, ab * noch 2 x wiederholen, enden mit 1 Masche häkeln = 12 Maschen;
8. Spirale: 1 Masche häkeln, 2 Maschen zusammen abmaschen; * 1 Masche häkeln, 2 Maschen zusammen abmaschen, ab * noch 2 x wiederholen = 8 Maschen.

Fertigstellung: Nach der letzten Abnahmerunde in die folgende Masche 1 Kettmasche häkeln und wie im Workshop beschrieben enden.

Für die Umrandung zunächst für das erste Band der Schleife 20 Luftmaschen anschlagen und dann die Kante wie folgt behäkeln: Die Masche in der vorderen Mitte, sowie die folgende Masche frei lassen, dann rundum in jede Masche und jede Reihe 1 feste Masche häkeln, bis wieder 1 Masche vor der vorderen Mitte. Danach nochmals für das 2. Band der Schleife 20 Luftmaschen häkeln, den Faden abschneiden und durchziehen.

Größe 20, 21 und 22

Die Angaben für Größe 20 stehen vor den Klammern, für Größe 19 in den Klammern und für Größe 22 hinter den Klammern

Material:
* hatnut XL 55 (50% Schurwolle, 50% Polyamid, Lauflänge = 55 m/50 g) 50 g in der Grundfarbe,
* 1 Rest für die Umrandung (nach Wunsch)
* 1 Häkelnadel Nr. 5
* 1 stumpfe Nähnadel
* Schere

 hatnut-Wolle bekommt man im Einzelhandelsgeschäft oder direkt bei hatnut: http://hatnut.de/?affiliates=2

Ausführung:

Käppchen: 5 Luftmaschen anschlagen und 6 (6) 7 Käppchen-Reihen mit festen Maschen häkeln.

Hinteres Seitenteil: An der linken und rechten Seitenkante 5 feste Maschen und an der Unterkante 7 feste Maschen aufhäkeln = 17 Maschen für das Seitenteil.
Dann 6 (6) 4 Reihen feste Maschen häkeln.

Fußrücken:
Für Größe 20 und 21
1 Reihe feste Maschen arbeiten, dabei in die 1. und letzte Masche je 2 Maschen häkeln = 19 Maschen.
Für Größe 22
3 Reihen feste Maschen häkeln, dabei in der 1. und 3. Reihe in die 1. und letzte Masche jeweils 2 feste Maschen häkeln = 21 Maschen

Fußspitze: Nun die Arbeit mit 1 zusätzlichen Luftmasche zur Runde schließen und in Spiralen weiterarbeiten = 20 (20) 22 Maschen.
Nun die Abnahmen wie folgt arbeiten:

Für Größe 20
3 Spiralen ohne Abnahmen;
4. Spirale: 2 Maschen häkeln, 2 Maschen zusammen abmaschen, * 3 Maschen häkeln, 2 Maschen zusammen abmaschen, ab * noch 2 x wiederholen, enden mit 1 Masche häkeln = 16 Maschen;
5. Spirale: ohne Abnahmen;
6. Spirale: 1 Masche häkeln, 2 Maschen zusammen abmaschen, * 2 Maschen häkeln. 2 Maschen zusammen abmaschen, ab * noch 2 x wiederholen, enden mit 1 Masche häkeln = 12 Maschen;
7. Spirale: 1 Masche häkeln, 2 Maschen zusammen abmaschen; * 1 Masche häkeln, 2 Maschen zusammen abmaschen, ab * noch 2 x wiederholen = 8 Maschen.

Für Größe 21
3 Spiralen ohne Abnahmen;
4. Spirale: 2 Maschen häkeln, 2 Maschen zusammen abmaschen, * 3 Maschen häkeln, 2 Maschen zusammen abmaschen, ab * noch 2 x wiederholen, enden mit 1 Masche häkeln = 16 Maschen;
5. und 6. Spirale: ohne Abnahmen;
7. und 8. Spirale: 1 Masche häkeln, 2 Maschen zusammen abmaschen, * 2 Maschen häkeln. 2 Maschen zusammen abmaschen, ab * noch 2 x wiederholen, enden mit 1 Masche häkeln = 12 Maschen;
8. Spirale: 1 Masche häkeln, 2 Maschen zusammen abmaschen; * 1 Masche häkeln, 2 Maschen zusammen abmaschen, ab * noch 2 x wiederholen = 8 Maschen.

Für Größe 22
2 Spiralen ohne Abnahmen;
3. Spirale: 5 Maschen häkeln, 2 Maschen zusammen abmaschen, 9 Maschen häkeln, 2 Maschen zusammen abmaschen, 4 Maschen häkeln = 20 Maschen;
4. Spirale: ohne Abnahmen;
5. Spirale: 2 Maschen häkeln, 2 Maschen zusammen abmaschen, * 3 Maschen häkeln, 2 Maschen zusammen abmaschen, ab * noch 2 x wiederholen, enden mit 1 Masche häkeln = 16 Maschen;
6. Spirale: ohne Abnahmen;
7. Spirale: 1 Masche häkeln, 2 Maschen zusammen abmaschen, * 2 Maschen häkeln. 2 Maschen zusammen abmaschen, ab * noch 2 x wiederholen, enden mit 1 Masche häkeln = 12 Maschen;
8. Spirale: 1 Masche häkeln, 2 Maschen zusammen abmaschen; * 1 Masche häkeln, 2 Maschen zusammen abmaschen, ab * noch 2 x wiederholen = 8 Maschen.

Dann in die folgende Masche 1 Kettmasche häkeln und wie im Workshop beschrieben enden.

Größe 23, 24 und 25

Die Angaben für Größe 23 stehen vor den Klammern, für Größe 24 in den Klammern und für Größe 25 hinter den Klammern

Material:
* hatnut XL 55 (50% Schurwolle, 50% Polyamid, Lauflänge = 55 m/50 g) 100 g in der Grundfarbe,
* 1 Rest für die Umrandung (nach Wunsch)
* 1 Häkelnadel Nr. 5
* 1 stumpfe Nähnadel
* Schere

hatnut-Wolle bekommt man im Einzelhandelsgeschäft oder direkt bei hatnut: http://hatnut.de/?affiliates=2

Ausführung:

Käppchen: 5 Luftmaschen anschlagen und 7 Käppchen-Reihen mit festen Maschen häkeln.

Hinteres Seitenteil: An der linken und rechten Seitenkante 5 feste Maschen und an der Unterkante 7 feste Maschen aufhäkeln = 17 Maschen für das Seitenteil.

Dann 4 Reihen feste Maschen häkeln.

Fußrücken:
3 Reihen feste Maschen häkeln, dabei in der 1. und 3. Reihe in die 1. und letzte Masche jeweils 2 feste Maschen häkeln = 21 Maschen

Fußspitze: Nun die Arbeit mit 1 zusätzlichen Luftmasche zur Runde schließen und in Spiralen weiterarbeiten = 22 Maschen.
Nun die Abnahmen wie folgt arbeiten:

Für Größe 23
3 Spiralen ohne Abnahmen;
4. Spirale: 5 Maschen häkeln, 2 Maschen zusammen abmaschen, 9 Maschen häkeln, 2 Maschen zusammen abmaschen, 4 Maschen häkeln = 20 Maschen;
5. Spirale: ohne Abnahmen;
6. Spirale: 2 Maschen häkeln, 2 Maschen zusammen abmaschen, * 3 Maschen häkeln, 2 Maschen zusammen abmaschen, ab * noch 2 x wiederholen, enden mit 1 Masche häkeln = 16 Maschen;
7. Spirale: ohne Abnahmen;
8. Spirale: 1 Masche häkeln, 2 Maschen zusammen abmaschen, * 2 Maschen häkeln. 2 Maschen zusammen abmaschen, ab * noch 2 x wiederholen, enden mit 1 Masche häkeln = 12 Maschen;

9. Spirale: 1 Masche häkeln, 2 Maschen zusammen abmaschen; * 1 Masche häkeln, 2 Maschen zusammen abmaschen, ab * noch 2 x wiederholen = 8 Maschen.

Für Größe 24
3 Spiralen ohne Abnahmen;
4. Spirale: 5 Maschen häkeln, 2 Maschen zusammen abmaschen, 9 Maschen häkeln, 2 Maschen zusammen abmaschen, 4 Maschen häkeln = 20 Maschen;
5. und 6. Spirale: ohne Abnahmen;
7. Spirale: 2 Maschen häkeln, 2 Maschen zusammen abmaschen, * 3 Maschen häkeln, 2 Maschen zusammen abmaschen, ab * noch 2 x wiederholen, enden mit 1 Masche häkeln = 16 Maschen;
8. Spirale: ohne Abnahmen;
9 und 10. Spirale: Wie die 8. und 9. Spirale bei **Größe 23** arbeiten.

Für Größe 25
4 Spiralen ohne Abnahmen;
5. Spirale: 5 Maschen häkeln, 2 Maschen zusammen abmaschen, 9 Maschen häkeln, 2 Maschen zusammen abmaschen, 4 Maschen häkeln = 20 Maschen;
6. und 7. Spirale: ohne Abnahmen;
8. Spirale: 2 Maschen häkeln, 2 Maschen zusammen abmaschen, * 3 Maschen häkeln, 2 Maschen zusammen abmaschen, ab * noch 2 x wiederholen, enden mit 1 Masche häkeln = 16 Maschen;
9. Spirale: ohne Abnahmen;
10 und 11. Spirale: Wie die 8. und 9. Spirale bei **Größe 23** arbeiten.

Dann in die folgende Masche 1 Kettmasche häkeln und wie im Workshop beschrieben enden.

Größe 26, 27 und 28

Die Angaben für Größe 26 stehen vor den Klammern, für Größe 27 in den Klammern und für Größe 29 hinter den Klammern

Material:
* hatnut XL 55 (50% Schurwolle, 50% Polyamid, Lauflänge = 55 m/50 g) 100 g in der Grundfarbe,
* 1 Rest für die Umrandung (nach Wunsch)
* 1 Häkelnadel Nr. 5
* 1 stumpfe Nähnadel
* Schere

hatnut-Wolle bekommt man im Einzelhandelsgeschäft oder direkt bei hatnut: http://hatnut.de/?affiliates=2

Ausführung:

Käppchen: 5 (5) 7 Luftmaschen anschlagen und 8 Käppchen-Reihen mit festen Maschen häkeln.

Hinteres Seitenteil: An der linken und rechten Seitenkante 6 feste Maschen und an der Unterkante 9 feste Maschen aufhäkeln = 19 (19) 21 Maschen für das Seitenteil.

Dann 4 (6) 6 Reihen feste Maschen häkeln.

Fußrücken:
3 Reihen feste Maschen häkeln, dabei in der 1. und 3. Reihe in die 1. und letzte Masche jeweils 2 feste Maschen häkeln = 23 (23) 25 Maschen

Fußspitze: Nun die Arbeit mit 1 zusätzlichen Luftmasche zur Runde schließen und in Spiralen weiterarbeiten = 24 (24) 26 Maschen.
Nun die Abnahmen wie folgt arbeiten:

Für Größe 26
4 Spiralen ohne Abnahmen;
5. Spirale: 2 Maschen häkeln, 2 Maschen zusammen abmaschen, * 4 Maschen häkeln, 2 Maschen zusammen abmaschen, ab * noch 2 x wiederholen, enden mit 2 Maschen häkeln = 20 Maschen;
6. und 7. Spirale: ohne Abnahmen;
8. Spirale: 2 Maschen häkeln, 2 Maschen zusammen abmaschen, * 3 Maschen häkeln, 2 Maschen zusammen abmaschen, ab * noch 2 x wiederholen, enden mit 1 Masche häkeln = 16 Maschen;
9. Spirale: ohne Abnahmen;
10. Spirale: 1 Masche häkeln, 2 Maschen zusammen abmaschen, * 2 Maschen häkeln. 2 Maschen zusammen abmaschen, ab * noch 2 x wiederholen, enden mit 1 Masche häkeln = 12 Maschen;
11. Spirale: 1 Masche häkeln, 2 Maschen zusammen abmaschen; * 1 Masche häkeln, 2 Maschen zusammen abmaschen, ab * noch 2 x wiederholen = 8 Maschen.

Für Größe 27
3 Spiralen ohne Abnahmen;
4.-10. Spirale: Wie die 5.-11. Spirale bei **Größe 26** arbeiten.

Für Größe 28
3 Spiralen ohne Abnahmen;
4. Spirale: 6 Maschen häkeln, 2 Maschen zusammen abmaschen, 11 Maschen häkeln, 2 Maschen zusammen abmaschen, 5 Maschen häkeln = 24 Maschen;
5. Spirale: ohne Abnahmen;
6. Spirale: 2 Maschen häkeln, 2 Maschen zusammen abmaschen, * 4 Maschen häkeln, 2 Maschen zusammen abmaschen, ab * noch 2 x wiederholen, enden mit 2 Maschen häkeln = 20 Maschen;
7. Spirale: ohne Abnahmen;
8.-11. Spirale: Wie die 8.-11. Spirale bei **Größe 26** arbeiten.

Dann in die folgende Masche 1 Kettmasche häkeln und wie im Workshop beschrieben enden.

Größe 29, 30 und 31

Die Angaben für Größe 29 stehen vor den Klammern, für Größe 30 in den Klammern und für Größe 31 hinter den Klammern

Material:
* hatnut XL 55 (50% Schurwolle, 50% Polyamid, Lauflänge = 55 m/50 g) 100 g in der Hauptfarbe,
* 1 Rest für die Umrandung (nach Wunsch)
* 1 Häkelnadel Nr. 5
* 1 stumpfe Nähnadel
* Schere

hatnut-Wolle bekommt man im Einzelhandelsgeschäft oder direkt bei hatnut: http://hatnut.de/?affiliates=2

Ausführung:

Käppchen: 7 Luftmaschen anschlagen und 9 Käppchen-Reihen mit festen Maschen häkeln.

Hinteres Seitenteil: An der linken und rechten Seitenkante 7 feste Maschen und an der Unterkante 9 feste Maschen aufhäkeln = 23 Maschen für das Seitenteil.

Anschließend 6 Reihen feste Maschen häkeln, dabei in der 3. Reihe die 2. und 3. feste Masche sowie die dritt- und zweitletzte Masche zusammen abhäkeln = 21 Maschen.

Fußrücken:
3 Reihen feste Maschen häkeln, dabei in der 1. und 3. Reihe in die 1. und letzte Masche jeweils 2 feste Maschen häkeln = 25 Maschen.

Fußspitze: Nun die Arbeit mit 1 zusätzlichen Luftmasche zur Runde schließen und in Spiralen weiterarbeiten = 26 Maschen.
Nun die Abnahmen wie folgt arbeiten:

Für Größe 29
3 Spiralen ohne Abnahmen;
4. Spirale: 6 Maschen häkeln, 2 Maschen zusammen abmaschen, 11 Maschen häkeln, 2 Maschen zusammen abmaschen, 5 Maschen häkeln = 24 Maschen;
5. und 6. Spirale: ohne Abnahmen;
7. Spirale: 2 Maschen häkeln, 2 Maschen zusammen abmaschen, * 4 Maschen häkeln, 2 Maschen zusammen abmaschen, ab * noch 2 x wiederholen, enden mit 2 Maschen häkeln = 20 Maschen;
8. Spirale: ohne Abnahmen;
9. Spirale: 2 Maschen häkeln, 2 Maschen zusammen abmaschen, * 3 Maschen häkeln, 2 Maschen zusammen abmaschen, ab * noch 2 x wiederholen, enden mit 1 Masche häkeln = 16 Maschen;
10. Spirale: ohne Abnahmen;
11. Spirale: 1 Masche häkeln, 2 Maschen zusammen abmaschen, * 2 Maschen häkeln. 2 Maschen zusammen abmaschen, ab * noch 2 x wiederholen, enden mit 1 Masche häkeln = 12 Maschen;
12. Spirale: 1 Masche häkeln, 2 Maschen zusammen abmaschen; * 1 Masche häkeln, 2 Maschen zusammen abmaschen, ab * noch 2 x wiederholen = 8 Maschen.

Für Größe 30
4 Spiralen ohne Abnahmen;
*5.-13. Spirale: Wie die 4.-12. Spirale bei **Größe 29** arbeiten.*

Für Größe 31
5 Spiralen ohne Abnahmen;
*6.-14. Spirale: Wie die 4.-12. Spirale bei **Größe 29** arbeiten.*

Dann in die folgende Masche 1 Kettmasche häkeln und wie im Workshop beschrieben enden.

Größe 32, 33 und 34

Die Angaben für Größe 32 stehen vor den Klammern, für Größe 33 in den Klammern und für Größe 34 hinter den Klammern

Material:
* hatnut XL 55 (50% Schurwolle, 50% Polyamid, Lauflänge = 55 m/50 g) 150 g in der Grundfarbe,
* 1 Rest für die Umrandung (nach Wunsch)
* 1 Häkelnadel Nr. 5
* 1 stumpfe Nähnadel
* Schere

 hatnut-Wolle bekommt man im Einzelhandelsgeschäft oder direkt bei hatnut: http://hatnut.de/?affiliates=2

Ausführung:

Käppchen: 7 Luftmaschen anschlagen und 10 Käppchen-Reihen mit festen Maschen häkeln.

Hinteres Seitenteil: An der linken und rechten Seitenkante 7 feste Maschen und an der Unterkante 9 feste Maschen aufhäkeln = 23 Maschen für das Seitenteil.

Anschließend 4 (6) 6 Reihen feste Maschen häkeln, dabei in der 3. Reihe die 2. und 3. feste Masche sowie die dritt- und zweitletzte Masche zusammen abhäkeln = 21 Maschen.

Fußrücken:
5 Reihen feste Maschen häkeln, dabei in der 1., 3. und 5. Reihe in die 1. und letzte Masche jeweils 2 feste Maschen häkeln = 27 Maschen.

Fußspitze: Nun die Arbeit mit 1 zusätzlichen Luftmasche zur Runde schließen und in Spiralen weiterarbeiten = 28 Maschen.
Nun die Abnahmen wie folgt arbeiten:

Für Größe 32
5 Spiralen ohne Abnahmen;
6. Spirale: 3 Maschen häkeln, 2 Maschen zusammen abmaschen, * 5 Maschen häkeln, 2 Maschen zusammen abmaschen, ab * noch 2 x wiederholen, enden mit 2 Maschen häkeln = 24 Maschen;
7. und 8. Spirale: ohne Abnahmen;
9. Spirale: 2 Maschen häkeln, 2 Maschen zusammen abmaschen, * 4 Maschen häkeln, 2 Maschen zusammen abmaschen, ab * noch 2 x wiederholen, enden mit 2 Maschen häkeln = 20 Maschen;
10. Spirale: ohne Abnahmen;
11. Spirale: 2 Maschen häkeln, 2 Maschen zusammen abmaschen, * 3 Maschen häkeln, 2 Maschen zusammen abmaschen, ab * noch 2 x wiederholen, enden mit 1 Masche häkeln = 16 Maschen;
12. Spirale: ohne Abnahmen;
13. Spirale: 1 Masche häkeln, 2 Maschen zusammen abmaschen, * 2 Maschen häkeln. 2 Maschen zusammen abmaschen, ab * noch 2 x wiederholen, enden mit 1 Masche häkeln = 12 Maschen;
14. Spirale: 1 Masche häkeln, 2 Maschen zusammen abmaschen; * 1 Masche häkeln, 2 Maschen zusammen abmaschen, ab * noch 2 x wiederholen = 8 Maschen.

Für Größe 33
4 Spiralen ohne Abnahmen;
5.-13. Spirale: Wie die 6.-14. Spirale bei **Größe 32** arbeiten.

Für Größe 34
Wie die 1.-14. Spirale bei **Größe 32** arbeiten.

Dann in die folgende Masche 1 Kettmasche häkeln und wie im Workshop beschrieben enden.

Größe 35, 36 und 37

Die Angaben für Größe 35 stehen vor den Klammern, für Größe 36 in den Klammern und für Größe 37 hinter den Klammern

Material:

* hatnut XL 55 (50% Schurwolle, 50% Polyamid, Lauflänge = 55 m/50 g) 150 g in der Grundfarbe,
* 1 Rest für die Umrandung (nach Wunsch)
* 1 Häkelnadel Nr. 5
* 1 stumpfe Nähnadel
* Schere

hatnut-Wolle bekommt man im Einzelhandelsgeschäft oder direkt bei hatnut: http://hatnut.de/?affiliates=2

Ausführung:

Käppchen: 7 Luftmaschen anschlagen und 11 Käppchen-Reihen mit festen Maschen häkeln.

Hinteres Seitenteil: An der linken und rechten Seitenkante 8 feste Maschen und an der Unterkante 9 feste Maschen aufhäkeln = 25 Maschen für das Seitenteil.

Anschließend 6 (8) 8 Reihen feste Maschen häkeln, dabei in der 3. und 5. Reihe jeweils die 2. und 3. feste Masche sowie die dritt- und zweitletzte Masche zusammen abhäkeln = 21 Maschen.

Fußrücken:

5 Reihen feste Maschen häkeln, dabei in der 1., 3., 4. und 5. Reihe in die 1. und letzte Masche jeweils 2 feste Maschen häkeln = 29 Maschen.

Fußspitze: Nun die Arbeit mit 1 zusätzlichen Luftmasche zur Runde schließen und in Spiralen weiterarbeiten = 30 Maschen.
Nun die Abnahmen wie folgt arbeiten:

Für Größe 35
4 Spiralen ohne Abnahmen;
5. Spirale: 7 Maschen häkeln, 2 Maschen zusammen abmaschen, 13 Maschen häkeln, 2 Maschen zusammen abmaschen, 6 Maschen häkeln = 28 Maschen;
6. und 7. Spirale: ohne Abnahmen;
8. Spirale: 3 Maschen häkeln, 2 Maschen zusammen abmaschen, * 5 Maschen häkeln, 2 Maschen zusammen abmaschen, ab * noch 2 x wiederholen, enden mit 2 Maschen häkeln = 24 Maschen;
9. und 10. Spirale: ohne Abnahmen;
11. Spirale: 2 Maschen häkeln, 2 Maschen zusammen abmaschen, * 4 Maschen häkeln, 2 Maschen zusammen abmaschen, ab * noch 2 x wiederholen, enden mit 2 Maschen häkeln = 20 Maschen;
12. Spirale: ohne Abnahmen;
13. Spirale: 2 Maschen häkeln, 2 Maschen zusammen abmaschen, * 3 Maschen häkeln, 2 Maschen zusammen abmaschen, ab * noch 2 x wiederholen, enden mit 1 Masche häkeln = 16 Maschen;
14. Spirale: 1 Masche häkeln, 2 Maschen zusammen abmaschen, * 2 Maschen häkeln. 2 Maschen zusammen abmaschen, ab * noch 2 x wiederholen, enden mit 1 Masche häkeln = 12 Maschen;
15. Spirale: 1 Masche häkeln, 2 Maschen zusammen abmaschen; * 1 Masche häkeln, 2 Maschen zusammen abmaschen, ab * noch 2 x wiederholen = 8 Maschen.

Für Größe 36
1.-9. Spirale: Wie bei **Größe 35** arbeiten.
10.-14. Spirale: Wie die 11.-15. Spirale bei **Größe 35** arbeiten.

Für Größe 37
Wie die 1.-15. Spirale bei **Größe 35** arbeiten.
Dann in die folgende Masche 1 Kettmasche häkeln und wie im Workshop beschrieben enden.

Größe 38, 39 und 40

Die Angaben für Größe 38 stehen vor den Klammern, für Größe 39 in den Klammern und für Größe 40 hinter den Klammern

Material:
* hatnut XL 55 (50% Schurwolle, 50% Polyamid, Lauflänge = 55 m/50 g) 150 g in der Grundfarbe,
* 1 Rest für die Umrandung (nach Wunsch)
* 1 Häkelnadel Nr. 5
* 1 stumpfe Nähnadel
* Schere
* Schere

hatnut-Wolle bekommt man im Einzelhandelsgeschäft oder direkt bei hatnut: http://hatnut.de/?affiliates=2

Ausführung:

Käppchen: 7 Luftmaschen anschlagen und 12 Käppchen-Reihen mit festen Maschen häkeln.

Hinteres Seitenteil: An der linken und rechten Seitenkante 9 feste Maschen und an der Unterkante 9 feste Maschen aufhäkeln = 27 Maschen für das Seitenteil.

Anschließend 8 Reihen feste Maschen häkeln, dabei in der 3. und 5. Reihe jeweils die 2. und 3. feste Masche sowie die dritt- und zweitletzte Masche zusammen abhäkeln = 23 Maschen.

Fußrücken:

Für Größe 38 und 39
5 Reihen feste Maschen häkeln, dabei in der 1., 3., 4. und 5. Reihe in die 1. und letzte Masche jeweils 2 feste Maschen häkeln = 31 Maschen.

Für Größe 40
7 Reihen feste Maschen häkeln, dabei in der 1., 3., 5., 6. und 7. Reihe in die 1. und letzte Masche jeweils 2 feste Maschen häkeln = 33 Maschen.

Fußspitze: Nun die Arbeit mit 1 zusätzlichen Luftmasche zur Runde schließen und in Spiralen weiterarbeiten = 32 (32) 34 Maschen.
Nun die Abnahmen wie folgt arbeiten:

Für Größe 38
4 Spiralen ohne Abnahmen;
5. Spirale: 3 Maschen häkeln, 2 Maschen zusammen abmaschen, * 6 Maschen häkeln, 2 Maschen zusammen abmaschen, ab * noch 2 x wiederholen, enden mit 3 Maschen häkeln = 28 Maschen;

6. und 7. Spirale: ohne Abnahmen;
8. Spirale: 3 Maschen häkeln, 2 Maschen zusammen abmaschen, * 5 Maschen häkeln, 2 Maschen zusammen abmaschen, ab * noch 2 x wiederholen, enden mit 2 Maschen häkeln = 24 Maschen;
9. und 10. Spirale: ohne Abnahmen;
11. Spirale: 2 Maschen häkeln, 2 Maschen zusammen abmaschen, * 4 Maschen häkeln, 2 Maschen zusammen abmaschen, ab * noch 2 x wiederholen, enden mit 2 Maschen häkeln = 20 Maschen;
12. Spirale: ohne Abnahmen;
13. Spirale: 2 Maschen häkeln, 2 Maschen zusammen abmaschen, * 3 Maschen häkeln, 2 Maschen zusammen abmaschen, ab * noch 2 x wiederholen, enden mit 1 Masche häkeln = 16 Maschen;
14. Spirale: 1 Masche häkeln, 2 Maschen zusammen abmaschen, * 2 Maschen häkeln. 2 Maschen zusammen abmaschen, ab * noch 2 x wiederholen, enden mit 1 Masche häkeln = 12 Maschen;
15. Spirale: 1 Masche häkeln, 2 Maschen zusammen abmaschen; * 1 Masche häkeln, 2 Maschen zusammen abmaschen, ab * noch 2 x wiederholen = 8 Maschen.

Für Größe 39
5 Spiralen ohne Abnahmen;
6.-16. Spirale: Wie 5.-15. Spirale bei **Größe 38** arbeiten.

Für Größe 40
3 Spiralen ohne Abnahmen;
4. Spirale: 8 Maschen häkeln, 2 Maschen zusammen abmaschen, 15 Maschen häkeln, 2 Maschen zusammen abmaschen, 7 Maschen häkeln = 32 Maschen.
5. und 6. Spirale: ohne Abnahmen;
7. Spirale: wie die 5.Spirale bei **Größe 38** arbeiten = 28 Maschen;
8. Spirale: ohne Abnahmen;
9. Spirale: wie die 8. Spirale bei **Größe 38** arbeiten = 24 Maschen
10. Spirale: ohne Abnahmen;
11.-15. Spirale: wie die 11.-15. Spirale bei **Größe 38** arbeiten.

Dann in die folgende Masche 1 Kettmasche häkeln und wie im Workshop beschrieben enden.

Größe 41, 42 und 43

Die Angaben für Größe 41 stehen vor den Klammern, für Größe 42 in den Klammern und für Größe 43 hinter den Klammern

Material:
* hatnut XL 55 (50% Schurwolle, 50% Polyamid, Lauflänge = 55 m/50 g) 150 g (200) 200 g in der Grundfarbe,
* 1 Rest für die Umrandung (nach Wunsch)
* 1 Häkelnadel Nr. 5
* 1 stumpfe Nähnadel
* Schere

hatnut-Wolle bekommt man im Einzelhandelsgeschäft oder direkt bei hatnut: http://hatnut.de/?affiliates=2

Ausführung:

Käppchen: 7 (7) 9 Luftmaschen anschlagen und 13 Käppchen-Reihen mit festen Maschen häkeln.

Hinteres Seitenteil: An der linken und rechten Seitenkante 9 feste Maschen und an der Unterkante 9 (9) 11 feste Maschen aufhäkeln = 27 (27) 29 Maschen für das Seitenteil.

Anschließend 8 Reihen feste Maschen häkeln, dabei in der 3. und 5. Reihe jeweils die 2. und 3. feste Masche sowie die dritt- und zweitletzte Masche zusammen abhäkeln = 23 (23) 25 Maschen.

Fußrücken:

7 Reihen feste Maschen häkeln, dabei in der 1., 3., 5., 6. und 7. Reihe in die 1. und letzte Masche jeweils 2 feste Maschen häkeln = 33 (33) 35 Maschen.

Fußspitze: Nun die Arbeit mit 1 zusätzlichen Luftmasche zur Runde schließen und in Spiralen weiterarbeiten = 34 (34) 36 Maschen.
Nun die Abnahmen wie folgt arbeiten:

Für Größe 41
4 Spiralen ohne Abnahmen;
5. Spirale: 8 Maschen häkeln, 2 Maschen zusammen abmaschen, 15 Maschen häkeln, 2 Maschen zusammen abmaschen, 7 Maschen häkeln = 32 Maschen;
6. und 7. Spirale: ohne Abnahmen

8. Spirale: 3 Maschen häkeln, 2 Maschen zusammen abmaschen, * 6 Maschen häkeln, 2 Maschen zusammen abmaschen, ab * noch 2 x wiederholen, enden mit 3 Maschen häkeln = 28 Maschen;
9. Spirale: ohne Abnahmen;
10. Spirale: 3 Maschen häkeln, 2 Maschen zusammen abmaschen, * 5 Maschen häkeln, 2 Maschen zusammen abmaschen, ab * noch 2 x wiederholen, enden mit 2 Maschen häkeln = 24 Maschen;
11. Spirale: ohne Abnahmen;
12. Spirale: 2 Maschen häkeln, 2 Maschen zusammen abmaschen, * 4 Maschen häkeln, 2 Maschen zusammen abmaschen, ab * noch 2 x wiederholen, enden mit 2 Maschen häkeln = 20 Maschen;
13. Spirale: ohne Abnahmen;
14. Spirale: 2 Maschen häkeln, 2 Maschen zusammen abmaschen, * 3 Maschen häkeln, 2 Maschen zusammen abmaschen, ab * noch 2 x wiederholen, enden mit 1 Masche häkeln = 16 Maschen;
15. Spirale: 1 Masche häkeln, 2 Maschen zusammen abmaschen, * 2 Maschen häkeln. 2 Maschen zusammen abmaschen, ab * noch 2 x wiederholen, enden mit 1 Masche häkeln = 12 Maschen;
16. Spirale: 1 Masche häkeln, 2 Maschen zusammen abmaschen; * 1 Masche häkeln, 2 Maschen zusammen abmaschen, ab * noch 2 x wiederholen = 8 Maschen.

Für Größe 42
5 Spiralen ohne Abnahmen;
6.-17. Spirale: Wie 5.-16. Spirale bei **Größe 41** arbeiten.

Für Größe 43
5 Spiralen ohne Abnahmen;
6. Spirale: 4 Maschen häkeln, 2 Maschen zusammen abmaschen, * 7 Maschen häkeln, 2 Maschen zusammen abmaschen, ab * noch 2 x wiederholen, enden mit 3 Maschen häkeln = 32 Maschen.
7.-17. Spirale: Wie 8.-16. Spirale bei **Größe 41** arbeiten.

Dann in die folgende Masche 1 Kettmasche häkeln und wie im Workshop beschrieben enden.

Größe 44, 45 und 46

Die Angaben für Größe 44 stehen vor den Klammern, für Größe 45 in den Klammern und für Größe 46 hinter den Klammern

Material:
* hatnut XL 55 (50% Schurwolle, 50% Polyamid, Lauflänge = 55 m/50 g) 200 g in der Grundfarbe,
* 1 Rest für die Umrandung (nach Wunsch)
* 1 Häkelnadel Nr. 5
* 1 stumpfe Nähnadel
* Schere

 hatnut-Wolle bekommt man im Einzelhandelsgeschäft oder direkt bei hatnut: http://hatnut.de/?affiliates=2

Ausführung:

Käppchen: 9 Luftmaschen anschlagen und 13 13 (14) Käppchen-Reihen mit festen Maschen häkeln.

Hinteres Seitenteil: An der linken und rechten Seitenkante 9 (9) 10 feste Maschen und an der Unterkante 11 feste Maschen aufhäkeln = 29 (29) 31 Maschen für das Seitenteil.

Anschließend 8 Reihen feste Maschen häkeln, dabei in der 3. und 5. Reihe jeweils die 2. und 3. feste Masche sowie die dritt- und zweitletzte Masche zusammen abhäkeln = 25 (25) 27 Maschen.

Fußrücken:

7 Reihen feste Maschen häkeln, dabei in der 1., 3., 5., 6. und 7. Reihe in die 1. und letzte Masche jeweils 2 feste Maschen häkeln = 35 (35) 37 Maschen.

Fußspitze: Nun die Arbeit mit 1 zusätzlichen Luftmasche zur Runde schließen und in Spiralen weiterarbeiten = 36 (36) 38 Maschen.
Nun die Abnahmen wie folgt arbeiten:

Für Größe 44
5 Spiralen ohne Abnahmen;
6. Spirale: 4 Maschen häkeln, 2 Maschen zusammen abmaschen, * 7 Maschen häkeln, 2 Maschen zusammen abmaschen, ab * noch 2 x wiederholen, enden mit 3 Maschen häkeln = 32 Maschen;
7. und 8. Spirale: ohne Abnahmen

9. Spirale: 3 Maschen häkeln, 2 Maschen zusammen abmaschen, * 6 Maschen häkeln, 2 Maschen zusammen abmaschen, ab * noch 2 x wiederholen, enden mit 3 Maschen häkeln = 28 Maschen;
10. und 11. Spirale: ohne Abnahmen;
12. Spirale: 3 Maschen häkeln, 2 Maschen zusammen abmaschen, * 5 Maschen häkeln, 2 Maschen zusammen abmaschen, ab * noch 2 x wiederholen, enden mit 2 Maschen häkeln = 24 Maschen;
13. Spirale: ohne Abnahmen;
14. Spirale: 2 Maschen häkeln, 2 Maschen zusammen abmaschen, * 4 Maschen häkeln, 2 Maschen zusammen abmaschen, ab * noch 2 x wiederholen, enden mit 2 Maschen häkeln = 20 Maschen;
15. Spirale: ohne Abnahmen;
16. Spirale: 2 Maschen häkeln, 2 Maschen zusammen abmaschen, * 3 Maschen häkeln, 2 Maschen zusammen abmaschen, ab * noch 2 x wiederholen, enden mit 1 Masche häkeln = 16 Maschen;
17. Spirale: 1 Masche häkeln, 2 Maschen zusammen abmaschen, * 2 Maschen häkeln. 2 Maschen zusammen abmaschen, ab * noch 2 x wiederholen, enden mit 1 Masche häkeln = 12 Maschen;
18. Spirale: 1 Masche häkeln, 2 Maschen zusammen abmaschen; * 1 Masche häkeln, 2 Maschen zusammen abmaschen, ab * noch 2 x wiederholen = 8 Maschen.

Für Größe 45
6 Spiralen ohne Abnahmen;
7.-19. Spirale: Wie 6.-17. Spirale bei **Größe 44** arbeiten.

Für Größe 46
4 Spiralen ohne Abnahmen;
5. Spirale: 9 Maschen häkeln, 2 Maschen zusammen abmaschen, 17 Maschen häkeln, 2 Maschen zusammen abmaschen, 8 Maschen häkeln = 36 Maschen;
6. und 7. Spirale: ohne Abnahmen;
8.-20. Spirale: wie 6.-18. Spirale bei **Größe 44** arbeiten.

Dann in die folgende Masche 1 Kettmasche häkeln und wie im Workshop beschrieben enden.

Größe 17 - 29 auf einen Blick

Größe	Käppchen-M	Käppchen-R	Maschen an der aufgehäkelte rechten und linken	Maschen an der aufgehäkelte unteren Kante	Seitenteil M	Abfolge der Abnahmen für den Rist / Abkürzung für Reihe = R	Abfolge der Zunahmen für den Fußrücken	R-Zahl ab Käppchen	Maschen-zahl für Spitze
17	3	5	4	5	13			5	16
18	3	6	5	5	15	4 R ohne Abnahmen = 15 M	1 R mit 1 beidseitigen Zunahme = 15 M	5	18
19	5	6	5	7	17	4 R ohne Abnahmen = 17 M	1 R mit 1 beidseitigen Zunahme = 17 M	5	20
20	5	6	5	7	17	6 R ohne Abnahmen = 17 M	1 R mit 1 beidseitigen Zunahme = 19 M	7	20
21	5	6	5	7	17	6 R ohne Abnahmen = 17 M	1 R mit 1 beidseitigen Zunahme = 19 M	7	20
22	5	7	5	7	17	4 R ohne Abnahmen = 17 M	3 R mit je 1 beidseitigen Zunahme in der 1. und 3. R = 21 M	7	22
23	5	7	5	7	17	4 R ohne Abnahmen = 17 M	3 R mit je 1 beidseitigen Zunahme in der 1. und 3. R = 21 M	7	22
24	5	7	5	7	17	4 R ohne Abnahmen = 17 M	3 R mit je 1 beidseitigen Zunahme in der 1. und 3. R = 21 M	7	22
25	5	7	5	7	17	4 R ohne Abnahmen = 17 M	3 R mit je 1 beidseitigen Zunahme in der 1. und 3. R = 21 M	7	22
26	5	8	6	7	19	4 R ohne Abnahmen = 19 M	3 R mit je 1 beidseitigen Zunahme in der 1. und 3. R = 23 M	7	24
27	5	8	6	7	19	6 R ohne Abnahmen = 19 M	3 R mit je 1 beidseitigen Zunahme in der 1. und 3. R = 23 M	9	24
28	7	8	6	9	21	6 R ohne Abnahmen = 21 M	3 R mit je 1 beidseitigen Zunahme in der 1. und 3. R = 25 M	9	26
29	7	9	7	9	23	Insgesamt 6 R, dabei in der 3. R 2 M abnehmen = 21 M	3 R mit je 1 beidseitigen Zunahme in der 1. und 3. R = 25 M	9	26

Größe	Abfolge der Abnahmen bis zu den letzten 8 M für die Fußspitze. Abkürzung für Spirale = SP, Abkürzung für abnehmen = abn	Zahl der Spiralen für die Spitze	Zahl der Reihen/Spiralen insgesamt
17	3 SP ohne Abnahmen, 1 SP 4 M abn = 12 M, 1 SP ohne Abnahmen, 1 SP 4 M abn	6	11
18	3 SP ohne Abnahmen, 1 SP 2 M abn = 16 M, 1 SP ohne Abnahmen, 1 SP 4 M abn = 12 M, 1 SP 4 M abn	7	12
19	3 SP ohne Abnahmen, 1 SP 4 M abn = 16 M, 2 SP ohne Abnahmen, 1 SP 4 M abn = 12 M, 1 SP 4 M abn	8	13
20	3 SP ohne Abnahmen, 1 SP 4 M abn = 16 M, 1 SP ohne Abnahmen, 1 SP 4 M abn = 12 M, 1 SP 4 M abn	7	14
21	3 SP ohne Abnahmen, 1 SP 4 M abn = 16 M, 2 SP ohne Abnahmen, 1 SP 4 M abn = 12 M, 1 SP 4 M abn	8	15
22	2 SP ohne Abnahmen, 1 SP 2 M abn = 20 M, 1 SP ohne Abnahmen, 1 SP 4 M abn = 16 M, 1 SP ohne Abnahmen, 1 SP 4 M abn = 12 M, 1 SP 4 M abn	8	15
23	3 SP ohne Abnahmen, 1 SP 2 M abn = 20 M, 1 SP ohne Abnahmen, 1 SP 4 M abn = 16 M, 1 SP ohne Abnahmen, 1 SP 4 M abn = 12 M, 1 SP 4 M abn	9	16
24	3 SP ohne Abnahmen, 1 SP 2 M abn = 20 M, 2 SP ohne Abnahmen, 1 SP 4 M abn = 16 M, 1 SP ohne Abnahmen, 1 SP 4 M abn = 12 M, 1 SP 4 M abn	10	17
25	4 SP ohne Abnahmen, 1 SP 2 M abn = 20 M, 2 SP ohne Abnahmen, 1 SP 4 M abn = 16 M, 1 SP ohne Abnahmen, 1 SP 4 M abn = 12 M, 1 SP 4 M abn	11	18
26	4 SP ohne Abnahmen, 1 SP 4 M abn = 20 M, 2 SP ohne Abnahmen, 1 SP 4 M abn = 16 M, 1 SP ohne Abnahmen, 1 SP 4 M abn = 12 M, 1 SP 4 M abn	11	18
27	3 SP ohne Abnahmen, 1 SP 2 M abn = 20 M, 2 SP ohne Abnahmen, 1 SP 4 M abn = 16 M, 1 SP ohne Abnahmen, 1 SP 4 M abn = 12 M, 1 SP 4 M abn	10	19
28	3 SP ohne Abnahmen, 1 SP 2 M abn = 24 M, 2 SP ohne Abnahmen, 1 SP 4 M abn = 20 M, 1 SP ohne Abnahmen, 1 SP 4 M abn = 12 M, 1 SP 4 M abn	11	20
29	3 SP ohne Abnahmen, 1 SP 2 M abn = 24 M, 2 SP ohne Abnahmen, 1 SP 4 M abn = 20 M, 1 SP ohne Abnahmen, 1 SP 4 M abn = 12 M, 1 SP 4 M abn	12	21

Größe 30 - 38 auf einen Blick

Größe	Käppchen-M	Käppchen-R	Maschen an der aufgehäkelte rechten und linken Kante	Maschen an der aufgehäkelte unteren Kante	Seitenteil M	Abfolge der Abnahmen für den Rist Abkürzung für Reihe = R	Abfolge der Zunahmen für den Fußrücken	R-Zahl ab Käppchen	Maschen-zahl für Spitze
30	7	9	7	9	23	Insgesamt 6 R, dabei in der 3. R 2 M abnehmen = 21 M	3 R mit je 1 beidseitigen Zunahme in der 1. und 3. R = 25 M	9	26
31	7	9	7	9	23	Insgesamt 6 R, dabei in der 3. R 2 M abnehmen = 21 M	3 R mit je 1 beidseitigen Zunahme in der 1. und 3. R = 25 M	9	26
32	7	10	7	9	23	Insgesamt 4 R, dabei in der 3. R 2 M abnehmen = 21 M	5 R mit je 1 beidseitigen Zunahme in jeder 1., 3. und 5. R = 27 M	9	28
33	7	10	7	9	23	Insgesamt 6 R, dabei in der 3. R 2 M abnehmen = 21 M	5 R mit je 1 beidseitigen Zunahme in der 1., 3. und 5. R = 27 M	11	28
34	7	10	7	9	23	Insgesamt 6 R, dabei in der 3. R 2 M abnehmen = 21 M	5 R mit je 1 beidseitigen Zunahme in der 1., 3. und 5. R = 27 M	11	28
35	7	11	8	9	25	Insgesamt 6 R, dabei in der 3. und in der 5. R jeweils 2 M abnehmen = 21 M	5 R mit je 1 beidseitigen Zunahme in der 1., 3., 4. und 5. R = 29 M	11	30
36	7	11	8	9	25	Insgesamt 8 R, dabei in der 3. und 5. R jeweils 2 M abnehmen = 21 M	5 R mit je 1 beidseitigen Zunahme in der 1., 3., 4. und 5. R = 29 M	13	30
37	7	11	8	9	25	Insgesamt 8 R, dabei in der 3. und 5. R jeweils 2 M abnehmen = 21 M	5 R mit je 1 beidseitigen Zunahme in der 1., 3., 4. und 5. R = 29 M	13	30
38	7	12	9	9	27	Insgesamt 8 R, dabei in der 3. und 5. R jeweils 2 M abnehmen = 23 M	5 R mit je 1 beidseitigen unahme in der 1., 3., 4. und 5. R = 31 M	13	32

Größe	Abfolge der Abnahmen bis zu den letzten 8 M für die Fußspitze Abkürzung für Spirale = SP, Abkürzung für abnehmen = abn	Zahl der Spiralen für die Fußspitze	Zahl der Reihen/ Spiralen insgesamt
30	4 SP ohne Abnahmen, 1 SP 2 M abn = 24 M, 2 SP ohne Abnahmen, 1 SP 4 M abn = 20 M, 1 SP ohne Abnahmen, 1 SP 4 M abn = 16 M, 1 SP ohne Abnahmen, 1 SP 4 M abn	13	22
31	5 SP ohne Abnahmen, 1 SP 2 M abn = 24 M, 2 SP ohne Abnahmen, 1 SP 4 M abn = 20 M, 1 SP ohne Abnahmen, 1 SP 4 M abn = 16 M, 1 SP ohne Abnahmen, 1 SP 4 M abn	14	23
32	5 SP ohne Abnahmen, 1 SP 4 M abn = 24 M, 2 SP ohne Abnahmen, 1 SP 4 M abn = 20 M, 1 SP ohne Abnahmen, 1 SP 4 M abn = 16 M, 1 SP ohne Abnahmen, 1 SP 4 M abn =	14	23
33	4 SP ohne Abnahmen, 1 SP 4 M abn = 24 M, 2 SP ohne Abnahmen, 1 SP 4 M abn = 20 M, 1 SP ohne Abnahmen, 1 SP 4 M abn = 16 M, 1 SP 4 M abn = 12 M, 1 SP 4 M abn	13	24
34	5 SP ohne Abnahmen, 1 SP 4 M abn = 24 M, 2 SP ohne Abnahmen, 1 SP 4 M abn = 20 M, 1 SP ohne Abnahmen, 1 SP 4 M abn = 16 M, 1 SP 4 M abn = 12 M, 1 SP 4 M abn	14	25
35	4 SP ohne Abnahmen, 1 SP 2 M abn = 28 M, 2 SP ohne Abnahmen, 1 SP 4 M abn = 24 M, 2 SP ohne Abnahmen, 1 SP 4 M abn = 20 M, 1 SP ohne Abnahmen, 1 SP 4 M abn = 16 M, 1 SP 4 M abn = 12 M, 1 SP 4 M abn	15	26
36	4 SP ohne Abnahmen, 1 SP 2 M abn = 28 M, 2 SP ohne Abnahmen, 1 SP 4 M abn = 24 M, 2 SP ohne Abnahmen,1 SP 4 M abn = 20 M, 1 SP ohne Abnahmen, 1 SP 4 M abn = 16 M, 1 SP 4 M abn = 12 M, 11 SP 4 M abn	14	27
37	4 SP ohne Abnahmen, 1 SP 2 M abn = 28 M, 2 SP ohne Abnahmen, 1 x 4 M abn = 24 M, 2 SP ohne Abnahmen, 1 x 4 M abn = 20 M, 1 SP ohne Abnahmen, 1 x 4 M abn = 16 M, 1 x 4 M abn = 12 M, 1 SP 4 M abn	15	28
38	4 SP ohne Abnahmen, 1 SP 4 M abn = 28 M, 2 SP ohne Abnahmen, 1 SP 4 M abn = 24 M, 2 SP ohne Abnahmen, 1 SP 4 M abn = 20 M, 1 SP ohne Abnahmen, 1 SP 4 M abn = 16 M,1 SP 4 M abn = 12 M, 1 SP 4 M abn	15	28

Größe 39 - 46 auf einen Blick

Größe	Käppchen-M	Käppchen-R	Maschen an der aufgehäkelte rechten und linken	Maschen an der aufgehäkelte unteren Kante	Seitenteil M	Abfoge der Abnahmen für den Rist Abkürzung für Reihe = R	Abfoge der Zunahmen für den Fußrücken	R-Zahl ab Käppchen	Maschen-zahl für Spitze
39	7	12	9	9	27	Insgesamt 8 R, dabei in der 3. und 5. R jeweils 2 M abnehmen = 23 M	5 R mit je 1 beidseitigen Zunahme in der 1., 3., 4. und 5. R = 31 M	13	32
40	7	12	9	9	27	Insgesamt 8 R, dabei in der 3. und 5. R jeweils 2 M abnehmen = 23 M	7 R mit je 1 beidseitigen Zunahme in der 1., 3., 5., 6. und 7. R = 33 M	15	34
41	7	13	9	9	27	Insgesamt 8 R, dabei in der 3. und 5. R jeweils 2 M abnehmen = 23 M	7 R mit je 1 beidseitigen Zunahme in der 1., 3., 5., 6. und 7. R = 33 M	15	34
42	7	13	9	9	27	Insgesamt 8 R, dabei in der 3. und 5. R jeweils 2 M abnehmen = 23 M	7 R mit je 1 beidseitigen Zunahme in der 1., 3., 5., 6. und 7. R = 33 M	15	34
43	9	13	9	11	29	Insgesamt 8 R, dabei in der 3. und 5. R jeweils 2 M abnehmen = 25 M	7 R mit je 1 beidseitigen Zunahme in der 1., 3., 5., 6. und 7. R = 35 M	15	36
44	9	13	9	11	29	Insgesamt 8 R, dabei in der 3. und 5. R jeweils 2 M abnehmen = 25 M	7 R mit je 1 beidseitigen Zunahme in der 1., 3., 5., 6. und 7. R = 35 M	15	36
45	9	13	9	11	29	Insgesamt 8 R, dabei in der 3. und 5. R jeweils 2 M abnehmen = 25 M	7 R mit je 1 beidseitigen Zunahme in der 1., 3., 5., 6. und 7. R = 35 M	15	36
46	9	14	10	11	31	Insgesamt 8 R, dabei in der 3. und 5. R jeweils 2 M abnehmen = 27 M	7 R mit je 1 beidseitigen Zunahme in der 1., 3., 5., 6. und 7. R = 37 M	15	38

Größe	Abfolge der Abnahmen bis zu den letzten 8 M für die Fußspitze. Abkürzung für Spirale = SP, Abkürzung für abnehmen = abn	Zahl der Spiralen für die Spitze	Zahl der Reihen/Spiralen insgesamt
39	5 SP ohne Abnahmen, 1 SP 4 M abn = 28 M, 2 SP ohne Abnahmen, 1 SP 4 M abn = 24 M, 2 SP ohne Abnahmen, 1 SP 4 M abn = 20 M, 1 SP ohne Abnahmen, 1 SP 4 M abn = 16 M, 1 x 4 M abn = 12 M, 1 SP 4 M abn	16	29
40	3 SP ohne Abnahmen, 1 SP 2 M abn = 32 M, 2 SP ohne Abnahmen, 1 SP 4 M abn = 28 M, 1 SP ohne Abnahmen, 1 SP 4 M abn = 24 M, 1 SP ohne Abnahmen, 1 SP 4 M abn = 20 M, 1 SP ohne Abnahmen,1 SP 4 M abn = 16 M, 1 x 4 M abn = 12 M, 1 x 4 M abn	15	30
41	4 SP ohne Abnahmen, 1 SP 2 M abn = 32 M, 2 SP ohne Abnahmen, 1 SP 4 M abn = 28 M, 1 SP ohne Abnahmen, 1 SP 4 M abn = 24 M, 1 SP ohne Abnahmen, 1 SP 4 M abn = 20 M, 1 SP ohne Abnahmen, 1 SP 4 M abn = 16 M, 1 x 4 M abn = 12 M, 1 SP 4 M abn	16	31
42	5 SP ohne Abnahmen, 1 SP 2 M abn = 32 M, 2 SP ohne Abnahmen, 1 SP 4 M abn = 28 M, 1 SP ohne Abnahmen, 1 SP 4 M abn = 24 M, 1 SP ohne Abnahmen, 1 SP 4 M abn = 20 M, 1 SP ohne Abnahmen,1 SP 4 M abn = 16 M, 1 x 4 M abn = 12 M, 1 SP 4 M abn	17	32
43	5 SP ohne Abnahmen, 1 SP 4 M abn = 32 M, 2 SP ohne Abnahmen, 1 SP 4 M abn = 28 M, 1 SP ohne Abnahmen, 1 SP 4 M abn = 24 M, 1 SP ohne Abnahmen, 1 SP 4 M abn = 20 M, 1 SP ohne Abnahmen,1 SP 4 M abn = 16 M, 1 x 4 M abn = 12 M, 1 x 4 M abn	17	32
44	5 SP ohne Abnahmen, 1 SP 4 M abn = 32 M, 2 SP ohne Abnahmen, 1 SP 4 Mabn = 28 M, 2 SP ohne Abnahmen, 1 SP 4 M abn = 24 M, 1 SP ohne Abnahmen, 1 SP 4 M abn = 20 M, 1 SP ohne Abnahmen, 1 SP 4 M abn = 16 M, 1 x 4 M abn = 12 M, 1 SP 4 Mabn	18	33
45	6 SP ohne Abnahmen, 1 SP 4 M abn = 32 M, 2 SP ohne Abnahmen, 1 SP 4 M abn = 28 M, 2 SP ohne Abnahmen, 1 SP 4 M abn = 24 M, 1 SP ohne Abnahmen, 1 SP 4 M abn = 20 M, 1 SP ohne Abnahmen,1 SP 4 M abn = 16 M, 1 SP 4 M abn = 12 M, 1 SP 4 M abn x 4 M abn	19	34
46	5 SP ohne Abnahmen, 1 SP 2 M abn = 36 M, 2 SP ohne Abnahmen, 1 SP 4 M abn = 32 M, 2 SP ohne Abnahmen, 1 SP 4 M Abnahmen, 1 SP 4 M abn = 28 M, 2 SP ohne Abnahmen, 1 SP 4 M abn = 24 M, 1 SP ohne Abnahmen, 1 SP 4 M abn = 20 M, 1 SP ohne Abnahmen,1 SP 4 M abn = 16 M, 1 SP 4 M abn = 12 M, 1 SP 4 M abn	20	35

Zur Unterstützung gibt es auf YouTube Videos: https://goo.gl/zuthRk